LE
GUIDE DE L'EXPLICATEUR

OU

RECUEIL DE DICTÉES, D'EXERCICES

ET DE QUESTIONS

En application aux principes développés dans l'Explicateur Grammatical.

TOUTES LES QUESTIONS FAITES AUX EXAMENS SE TROUVENT DANS CE LIVRE AVEC LES SOLUTIONS.

Cet Ouvrage contient trois exercices différents pour chaque semaine de l'année scolaire.

IL PEUT PARFAITEMENT SERVIR DE LIVRE DE LECTURE, ET LE MAITRE TROUVERA TOUTES LES QUESTIONS A FAIRE SUR CHAQUE LECTURE.

PAR

M. B.-A. FOUSSET,

Ancien Membre de l'Université.

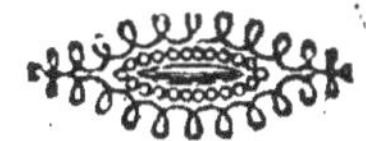

SE VEND:

A PARIS.	A ORLÉANS.
CHEZ M. FOURAUT, LIBRAIRE,	CHEZ LES PRINCIPAUX
Rue St-André-des-Arts, 47.	LIBRAIRES.

AVANT-PROPOS.

L'Explicateur grammatical a été jugé et apprécié comme il devait l'être. Déjà il est devenu classique dans un grand nombre d'établissements publics. Cet ouvrage, a dit un Inspecteur général du plus grand mérite, a quelques défauts sans doute ; mais, tel qu'il est, c'est encore en grammaire le meilleur que nous ayons en France ; il est destiné à renouveler l'enseignement grammatical. Mais tout n'est pas fait : il faut la partie du maître, c'est-à-dire un guide sûr pour le conduire dans cette voie nouvelle et si heureusement tracée ; de plus, une grammaire d'après les principes de l'Explicateur, qui est l'analyse des principales parties du langage.

Encouragé par des paroles si flatteuses, j'ai fait le Guide et la Grammaire.

Le GUIDE DE L'EXPLICATEUR n'est rien autre chose qu'un recueil de dictées dont chacune est suivie d'exercices appropriés et d'une série de questions dont la solution ne se trouve que dans l'Explicateur.

De là il restera évident que cet ouvrage qui, à la première lecture, semble n'être bien placé que dans les mains du maître, l'est encore bien plus convenablement dans les mains des élèves.

En effet, personne ne conteste l'utilité d'un dictionnaire pour la connaissance de l'orthographe des mots, qui donc oserait contester l'utilité d'un dictionnaire grammatical, où l'élève trouve la signification des termes dont il doit faire usage dans son éducation intellectuelle? Or, l'Explicateur n'est rien autre chose qu'un dictionnaire que l'élève doit consulter à chaque instant; et le maître doit par de nombreux exercices le forcer à feuilleter ce livre.

Tel est le but que je me suis proposé en composant ce nouvel ouvrage.

J'avertis tous les maîtres que je n'ai point la prétention d'imposer mes dictées à qui que ce soit; je dis ce que je fais, rien de plus. Les bons maîtres trouveront mille autres moyens, mille autres procédés pour faire fructifier la méthode.

Le Guide de l'Explicateur renferme des exercices pour quarante semaines, et il n'y en a pas plus dans l'année scolaire.

Dans les questions, dans les dictées, dans les exercices, j'ai eu soin d'indiquer d'une manière précise l'article de l'Explicateur que doit étudier l'élève. Il cherchera dans ce même livre tous les mots écrits en italiques, où bien il verra l'article indiqué dans chaque exercice.

Cet ouvrage destiné particulièrement aux maîtres, convient parfaitement aux élèves, qui y trouveront leurs tâches toutes dictées; car le temps nous manque souvent, surtout aux instituteurs qui ont un grand nombre d'élèves.

Le Guide pourra également servir de livre de *lecture*, et de temps à autre, le maître fera quelques questions grammaticales.

LE GUIDE DE L'EXPLICATEUR

OU RECUEIL DE

DICTÉES, EXERCICES ET QUESTIONS.

1ᵉʳ Exercice.   1ʳᵉ Semaine.

Que signifie le mot ABSOLU ? — Quand un verbe est-il pris dans un sens absolu ? Donner 3 exemples. — Qu'est-ce qu'une proposition ABSOLUE ? Faire 3 propositions absolues.—Qu'est-ce qu'un futur ABSOLU ? Donner 4 exemples. — Qu'est-ce qu'un superlatif absolu ? Donner 4 exemples. — Qu'est-ce qu'un nom ABSTRAIT ? Donner 4 exemples. — Qu'est-ce qu'un verbe ABSTRAIT ? Donner 2 exemples. — Quelles sont les espèces de mots qui s'ACCORDENT avec d'autres. — Quels sont nos ACCENTS en français ?

2ᵐᵉ Semaine.

Qu'est-ce qu'un nom ACCIDENTEL ? — Qu'est-ce qu'un adjectif ACCIDENTEL ? — Qu'est-ce qu'un verbe neutre ACCIDENTEL ? — Qu'est-ce qu'un verbe pronominal ACCIDENTEL ? — Qu'est-ce qu'un verbe ACTIF ? — N'y a-t-il pas des noms ACTIFS ? Citer 6 noms ACTIFS. — Que signifie le mot ADJECTIF ? — Combien de classes d'ADJECTIFS ? — Quand et comment l'ADJECTIF qualificatif peut-il devenir substantif ? Donner 6 exemples. — Quand le substantif devient-il ADJECTIF. 3 exemples.

3ᵐᵉ Semaine.

Qu'est-ce qu'un ADJECTIF composé ? — Quand un ADJECTIF composé de 2 adjectifs varie-t-il dans ses deux parties composantes, et pourquoi ? 2 exemples. — Quand un ADJECTIF composé est-il invariable dans sa première partie composante et pourquoi ? — Quand un ADJECTIF composé reste-t-il invariable dans ses deux parties composantes ? — Citer 6 ADJECTIFS qui ne qualifient que des noms de personnes ? — Citer 6 ADJECTIFS qui ne peuvent qualifier que des noms de choses. — Citer 6 ADJECTIFS qui qualifient également des noms de personnes et des noms de choses. — Que signifient les terminaisons EUX, ABLE, IBLE dans les ADJECTIFS ?

4me Semaine.

Que signifie le mot ADVERBE ? — Qu'est-ce que l'ADVERBE par rapport au verbe ? — Quelles sont les principales idées exprimées par l'ADVERBE ? — Faire un tableau d'ADVERBES. — Quelle sorte d'ADVERBES modifie la terminaison du verbe ? 3 exemples. — Quelle sorte d'ADVERBES modifie le radical du verbe ? 3 exemples. — Combien la terminaison du verbe renferme-t-elle d'idées ? (même article). — Quelles questions peut-on faire après le verbe pour trouver des ADVERBES ? — Montrer que tout ADVERBE équivaut à une préposition et un nom. 6 exemples.

5me Semaine.

Qu'est-ce qu'une locution ADVERBIALE ? 4 exemples. — Qu'est-ce qu'un adjectif pris ADVERBIALEMENT ? 3 exemples. — Qu'est-ce qu'une préposition prise ADVERBIALEMENT ? 3 exemples. — Un ADVERBE ne peut-il pas varier par raison d'euphonie ? (même article). — Qu'est-ce que l'ANALYSE grammaticale ? — Qu'est-ce que l'ANALYSE logique ? — Quelque longue que soit une phrase, ne peut-on pas toujours la considérer comme ne formant qu'une seule proposition ? Un exemple (même article). — Que signifie le mot ANTÉCÉDENT ? — Quels sont les mots qui peuvent servir d'ANTÉCÉDENTS à un pronom relatif ?

6me Semaine.

Qu'est-ce qu'un passé ANTÉRIEUR ? — Quand doit-on employer un passé ANTÉRIEUR ? Donner 3 exemples. — Qu'est-ce qu'un futur ANTÉRIEUR ? — Montrer par l'auxiliaire et le participe passé qui forment ce temps, que c'est bien un futur passé. 4 exemples. — Quelles sont les lettres qui peuvent se supprimer et être remplacées par une APOSTROPHE, 12 exemples différents. — Qu'est-ce qu'un sujet APPARENT ? — Quels sont les verbes qui n'ont qu'un sujet APPARENT ? 5 exemples. — Citer 6 verbes qui renferment leur véritable sujet. — Qu'est-ce qu'un EXPLÉTIF ? 4 exemples. — Qu'est-ce qu'un APPOSITIF ? 4 exemples. — Comment analyse-t-on un APPOSITIF ? (Apposition).

7ᵐᵉ Semaine.

Qu'est-ce qu'un ARTICLE simple, élidé, composé ? — Quelle idée exprime l'ARTICLE par lui-même ? — A quoi sert l'ARTICLE ? — Doit-on dire dans l'analyse que l'ARTICLE détermine tel ou tel nom ? — Pourquoi l'ARTICLE s'emploie-t-il devant les noms propres de peuples, de provinces, etc. ? — Qu'est-ce que le mot UN ? (même article). — Doit-on confondre UN article avec UN adjectif numéral ? — Quels sont nos signes d'aspiration ? Donner 4 exemples. — Pourquoi l'H n'est-il plus aspiré dans héroïsme, héroïne ?

8ᵐᵉ Semaine.

Qu'est-ce qu'un ATTRIBUT ? 6 exemples. — Combien de mots peuvent servir d'ATTRIBUTS ? autant d'exemples. — Comment peut-on distinguer l'ATTRIBUT d'avec le sujet dans les propositions inverses ? — Quelle différence entre l'ATTRIBUT et l'adjectif ? — Qu'est-ce qu'un verbe ATTRIBUTIF ? Donner 8 exemples. — Quand le verbe ÊTRE est-il ATTRIBUTIF ? — Quelle décomposition fait-on subir à un verbe ATTRIBUTIF pour l'analyser logiquement dans ses modes personnels ? — Conjuguer dans son entier un verbe ATTRIBUTIF ainsi décomposé ? — Conjuguer de la même manière un verbe PRONOMINAL.

9ᵐᵉ Semaine.

Qu'est-ce qu'un AUGMENTATIF ? — Où est renfermée l'idée AUGMENTATIVE ? 4 exemples. — Modifier le verbe VENIR par six PARTICULES différentes ; exemple, pré-venir, de-venir, etc. — Montrer le sens différent qu'exprime le verbe VENIR quand il est précédé de particules. — Que signifie le mot AUXILIAIRE ? — Combien de verbes AUXILIAIRES en français ? — Ne changent-ils pas quelquefois de nom, les appelle-t-on toujours auxiliaires ? — Que signifie le mot CARDINAL ? — Tableau de 15 adjectifs cardinaux. — Montrer comment ils forment les adjectifs ordinaux. — Qu'est-ce que la CÉDILLE ? — Expliquer pourquoi les verbes terminés à l'infinitif par CER, prennent la cédille devant a, o. (même article). — Combien d'espèces de C en français ? — Expliquer pourquoi les adjectifs PUBLIC, CADUC, etc., changent c en QUE au féminin (même article). —

Combien de sortes de ɢ en français ? — Expliquer pourquoi les verbes en ɢᴜᴇʀ, conservent toujours l'ᴜ et pourquoi les adjectifs ʟᴏɴɢ, ᴏʙʟᴏɴɢ, font au féminin longᴜᴇ, oblongᴜᴇ. (article cédille). Quand écrit-on ɪɴᴛʀɪɢᴀɴᴛ et ɪɴᴛʀɪɢᴜᴀɴᴛ ? etc. (même article)..

10ᵐᵉ Semaine.

Qu'est-ce qu'un complément ᴄɪʀᴄᴏɴsᴛᴀɴᴄɪᴇʟ ? 3 exemples. — Qu'est-ce qu'un verbe pronominal ᴄɪʀᴄᴏɴsᴛᴀɴᴄɪᴇʟ ? 4 exemples. — Que signifie le mot ᴄɪʀᴄᴏɴsᴛᴀɴᴄɪᴇʟ ? — Que signifie le mot ᴄᴏʟʟᴇᴄᴛɪꜰ ? — Qu'est-ce qu'un nom ᴄᴏʟʟᴇᴄᴛɪꜰ ? — Qu'est-ce qu'un ᴄᴏʟʟᴇᴄᴛɪꜰ général et un ᴄᴏʟʟᴇᴄᴛɪꜰ partitif ? 2 exemples de chaque ᴄᴏʟʟᴇᴄᴛɪꜰ. — Citer des adverbes ᴄᴏʟʟᴇᴄᴛɪꜰs. — Donner 4 exemples de mots ᴄᴏᴍʙɪɴés. — Qu'est-ce qu'un nom ᴄᴏᴍᴍᴜɴ ? — Un nom ᴄᴏᴍᴍᴜɴ peut-il perdre de son étendue, c'est-à-dire être plus ou moins ᴄᴏᴍᴍᴜɴ, appartenir à plus ou moins d'êtres ? — Quand un nom ᴄᴏᴍᴍᴜɴ équivaut-il à un nom propre ? 4 exemples.

11ᵐᵉ Semaine.

Combien de sortes de ᴄᴏᴍᴘᴀʀᴀᴛɪꜰs ? — Les adjectifs sont-ils seuls susceptibles de ᴄᴏᴍᴘᴀʀᴀᴛɪꜰs ? — Quels sont les adjectifs qui ont une forme particulière pour marquer le ᴄᴏᴍᴘᴀʀᴀᴛɪꜰ ? — Mettre six adjectifs en colonne, et les écrire aux trois ᴄᴏᴍᴘᴀʀᴀᴛɪꜰs. — Qu'est-ce qu'un ᴄᴏᴍᴘʟéᴍᴇɴᴛ ? — Qu'est-ce qu'un ᴄᴏᴍᴘʟéᴍᴇɴᴛ qualificatif ? — Qu'est-ce qu'un ᴄᴏᴍᴘʟéᴍᴇɴᴛ déterminatif. — Qu'est-ce qu'un ᴄᴏᴍᴘʟéᴍᴇɴᴛ direct ? — Qu'est-ce qu'un ᴄᴏᴍᴘʟéᴍᴇɴᴛ indirect ? — Quelles prépositions indiquent un ᴄᴏᴍᴘʟéᴍᴇɴᴛ indirect ? 3 exemples. — Quelles prépositions n'empêchent pas de considérer comme ᴄᴏᴍᴘʟéᴍᴇɴᴛ direct les mots qui les suivent ? 3 exemples. — Faire une phrase qui présente à la fois un complément direct, un complément indirect, un complément circonstanciel ?

12ᵐᵉ Semaine.

Qu'est-ce qu'un sujet ᴄᴏᴍᴘʟᴇxᴇ ? 6 exemples. — Qu'est-ce qu'un attribut complexe ? 6 exemples. — Quelle différence entre le sujet grammatical et le sujet logique. (Même article.) 6 exemples. — Quand ne diffèrent-ils pas l'un de l'autre ? 6 exemples. (Même article). — Qu'est-ce qu'un article ᴄᴏᴍᴘᴏsé ? — Qu'est-ce qu'un temps ᴄᴏᴍᴘᴏsé ? — Qu'est-ce qu'un nom ᴄᴏᴍᴘᴏsé ? — Qu'est-ce qu'un adjectif ᴄᴏᴍᴘᴏsé ? — ᴀɴɪᴍᴀʟ

VIVIPARE, QUADRUPÈDE, CHEVAL, CHEVAL ARABE, BUCÉPHALE, c'est le nom du cheval d'Alexandre-le-Grand. Montrer que dans ces substantifs la COMPRÉHENSION va en augmentant et l'extension en diminuant.

13ᵐᵉ Semaine.

A quels temps de l'indicatif correspond le présent du subjonctif ? (Voir concordance). — A quels temps de l'indicatif et du conditionnel correspond l'imparfait du subjonctif? (Même article). — A quels temps de l'indicatif correspond le passé du subjonctif ? (Même article). — A quels temps de l'indicatif et du conditionnel correspond le plus-que-parfait du subjonctif ? (Même article). — Qu'est-ce qu'un nom CONCRET ? 4 exemples ? — Qu'est-ce qu'un verbe CONCRET ? 5 exemples. — Qu'est-ce que le CONDITIONNEL ? — Comment distingue-t-on le présent du conditionnel d'avec le futur simple ? 2 exemples. — Qu'est-ce qu'une CONJONCTION ? — Quelle différence entre une CONJONCTION et une préposition ? — Faire le tableau des principales conjonctions. — Qu'appelle-t-on pronom CONJONCTIF? — Combien de CONJUGAISONS ? — Quel ordre a-t-on suivi pour établir les 4 CONJUGAISONS ?

14ᵐᵉ Semaine.

Qu'est-ce que le CONSÉQUENT d'une préposition ? 3 exemples. — Qu'est-ce qu'une CONSONNE ? — Quelles CONSONNES sont souvent remplacées par d'autres ? — Pourquoi deux r de suite dans parrain, marraine, carré, etc. ? (Même article). — — Qu'est-ce qu'une CONTRACTION ? — Quelle différence entre un article CONTRACTÉ et un article composé ? — Qu'appelle-t-on propositions COORDONNÉES ? — Quelles conjonctions lient entre elles les propositions COORDONNÉES ? — Faire 3 propositions COORDONNÉES. — Qu'appelle-t-on verbes COPULATIFS ? — Que signifie le mot DÉFECTIF ? — Qu'est-ce qu'un verbe DÉFECTIF. Citer 5 verbes DÉFECTIFS. — Qu'est-ce qu'une DÉFINITION ? Donner 6 définitions. — Qu'est-ce que le passé DÉFINI ? Employer ce temps dans 4 petites phrases.

15ᵐᵉ Semaine.

Que signifie le mot DÉMONSTRATIF ? — Qu'est-ce qu'un adjectif DÉMONSTRATIF ; à quoi sert-il ? — Qu'est-ce qu'un pronom DÉMONSTRATIF ; à quoi sert-il ? — Quelle particule domine dans les adjectifs et les pronoms DÉMONSTRATIFS ? — Combien de temps DÉRIVÉS ? En faire le tableau, et indiquer les temps qui les ont formés. — Pourquoi a-t-on formé le futur et le conditionnel du présent de l'infinitif ? Même explication à donner sur les autres temps. (Article dérivé).

16ᵐᵉ Semaine.

Que signifie DÉTERMINATIF ? — Qu'est-ce qu'un adjectif DÉTERMINATIF ? — Combien de sortes ? En faire un tableau. — Montrer que les adjectifs indéfinis sont DÉTERMINATIFS. — Combien l'adjectif TOUT a-t-il de sens ? — Qu'est-ce qu'un ADVERBE INDÉFINI ? (Même article). — Distinguer des adjectifs INDÉFINIS sous le rapport de la qualité et sous le rapport du nombre. (Même article). — Qu'est-ce qu'une incidente DÉTERMINATIVE ? Donner 2 exemples. — Montrer que l'adjectif qualificatif DÉTERMINE aussi. — Qu'est-ce qu'un DIMINUTIF ? Citer 12 DIMINUTIFS, substantifs, adjectifs, verbes. — Qu'est-ce qu'une proposition DIRECTE ? — Qu'est-ce qu'un complément DIRECT ? Citer 2 prépositions qui veulent un complément DIRECT.

17ᵐᵉ Semaine.

Que signifie le mot ÉLISION ? — Quand a lieu l'ELISION ? 6 exemples. — Qu'est-ce qu'une ELLIPSE ; montrer l'ELLIPSE dans cette phrase : Louis XIV régna soixante-douze ans. De quel mot sous-entendu 72 ans est-il le complément ou régime ? — Qu'est-ce qu'un verbe pronominal ESSENTIEL, neutre ESSENTIEL, impersonnel ESSENTIEL ? 2 exemples pour chaque verbe. — Qu'est-ce qu'une lettre EUPHONIQUE ? — Combien de lettres EUPHONIQUES ? — Quelle est la plus commune ? 2 exemples. — Quelle fonction remplit le point d'EXCLAMATION ? — Qu'est-ce qu'une incidente EXPLICATIVE ? 2 exemples. — Entre quels signes de ponctuation se trouve toujours un incidente EXPLICATIVE ?

18ᵐᵉ Semaine.

Combien de FIGURES de syntaxe ? — Définir chacune d'elles et donner des exemples. — Quelle différence entre la FINALE et la TERMINAISON d'un mot ? — Montrer cette distinction par des exemples ? — Quelles sont les règles 1° de la FORMATION du féminin dans les adjectifs, 2° de la FORMATION du pluriel dans les noms, 3° de la FORMATION des temps, 4° de la FORMATION des adjectifs numéraux ordinaux ? — Pourquoi les substantifs terminés au singulier par x, z, s ne peuvent-ils prendre d's au pluriel ? (Même article). — Ne devrait-on pas distinguer dans les verbes la FORME d'avec le temps ? — Combien un verbe a-t-il de FORMES dans chaque mode ? — Combien de temps dans chaque mode ? (Même article).

19ᵐᵉ Semaine.

Qu'est-ce qu'un FRÉQUENTATIF ? Donner des exemples ? — Comment s'y prend-on pour marquer les divers FUTURS, c'est-à-dire les différents degrés de postériorité ? 6 exemples. Montrer que chaque mode a son FUTUR, quoique n'ayant pas de forme particulière pour exprimer cette époque de la durée. Qu'est-ce qu'un GALLICISME ? 4 exemples. Quel est le GENRE des pronoms CE, CELA, CECI, CE A QUOI, IL pleut. SOUFFLER n'est pas jouer. — Quel est le quatrième GENRE dont parle le grammairien de Sacy. — Qu'est-ce que la GRAMMAIRE générale ? — Qu'est-ce que la GRAMMAIRE particulière ? — Comment divise-t-on la GRAMMAIRE ? — Qu'appelez-vous HOMONYMES ? — Combien de sortes d'HOMONYMES ? 2 exemples. — Qu'est-ce qu'une HYPERBOLE ? 2 exemples.

20ᵐᵉ Semaine.

Définir l'IMPARFAIT. Pourquoi l'appelle-t-on passé simultané ? Faire une phrase où l'on emploiera régulièrement l'IMPARFAIT ? — Définir le mode IMPÉRATIF ? Combien de temps dans ce mode ? — Certains grammairiens n'admettent-ils pas deux formes dans ce mode ? — Qu'est-ce qu'un verbe IMPERSONNEL ? — Qu'est-ce que le pronom qui les précède ? — Quels sont les verbes qui peuvent être employés IMPERSONNELLEMENT ? — Combien de sortes de verbes IMPERSONNELS essentiels ? — Montrer que certains verbes IMPERSONNELS renferment en eux leur sujet, et que d'autres en sont suivis.

21ᵐᵉ Semaine.

Qu'est-ce qu'une proposition IMPLICITE ? 2 exemples. — Qu'est-ce qu'une INCIDENTE ? — Sur quelle partie de la proposition principale tombe la proposition INCIDENTE ? — Combien de sortes d'INCIDENTES ? Un exemple pour chacune. — Qu'est-ce qu'une proposition CIRCONSTANCIELLE ? — Qu'est-ce que le mode INDICATIF ? — Combien de temps dans ce mode ? — Doit-on l'appeler affirmatif comme le font quelques grammairiens ? — Qu'est-ce qu'un pronom INDÉFINI ? — Dresser le tableau des pronoms INDÉFINIS. — Que signifie ON ? — Est-il synonyme de l'ON ? Expliquer la différence ? — Devient-il quelquefois du féminin ? — Qu'est-ce que le passé INDÉFINI ? — Examiner la forme du passé INDÉFINI.

22me Semaine.

Qu'est-ce que le mode INFINITIF ? — Montrer que le présent de l'INFINITIF exprime tantôt le moment de la parole, tantôt l'imparfait, tantôt le futur. Montrer que le passé de l'INFINITIF équivaut tantôt à un plus-que-parfait, tantôt à un futur passé, et qu'est-ce qu'une INTERJECTION ? — Dresser le tableau des INTERJECTIONS ? — Combien de sortes d'INTERROGATIONS ? — Qu'appelle-t-on verbe INTRANSITIF ? — Qu'est-ce qu'un verbe IRRÉGULIER ? 6 exemples. — Un verbe peut-il être IRRÉGULIER dans ses temps primitifs (mot irrégulièrement). — Qu'est-ce que la LEXICOLOGIE ? — Qu'est-ce que la LEXIGRAPHIE ?

23me Semaine.

Qu'est-ce qu'une LOCUTION ? Donner 3 LOCUTIONS adverbiales, 3 LOCUTIONS prépositives, 3 LOCUTIONS conjonctives. — Par quels mots sont terminées les LOCUTIONS prépositives ? Ensuite les LOCUTIONS conjonctives ? — Est-il toujours vrai de dire que tout nom MASCULIN désigne un ÊTRE MALE et que tout nom féminin désigne un ÊTRE FEMELLE ? — Qu'est-ce qu'un passé antérieur MÉDIAT ? — Qu'est-ce qu'un MODE ? — Combien de MODES ? — Combien de temps et combien de formes dans un MODE ? En dresser le tableau.

24me Semaine.

Qu'est-ce qu'une MODIFICATION ? — Quels mots MODIFIENT les autres ? — L'adverbe NE PAS modifie-t-il toujours ? — Qu'est-ce qu'une NÉGATIVE ? — Qu'est-ce qu'une expression NÉGATIVE complémentaire ? Citer quelques expressions NÉGATIVES complémentaires. — Qu'est-ce qu'une particule NÉGATIVE ? — Combien en connaissez vous ? — Quand les mots PERSONNE, JAMAIS, AUCUN perdent-ils leur sens NÉGATIF ? — Pourquoi un verbe NEUTRE s'appelle-t-il ainsi ? — Comment distinguer un verbe actif d'un verbe NEUTRE, un verbe passif d'un verbe NEUTRE, par exemple : JE SUIS AIMÉ, JE SUIS TOMBÉ.

25me Semaine.

Qu'est-ce qu'un NOM composé ? — Citer un NOM composé formé de 2 NOMS, et dire pourquoi tous deux prennent la marque du pluriel. — Citer un NOM composé de deux NOMS unis par une préposition et dire pourquoi le premier seul varie. — Citer un NOM composé d'un adjectif et d'un nom, dire pourquoi il prend la marque du pluriel à ses 2 parties.—De combien de manières un adjectif CARDINAL devient-il ORDINAL ? 4 exemples. — L'adjectif ORDINAL prend-il souvent la marque du pluriel ? — Combien de sortes d'ORTHOGRAPHE ? — Expliquer la différence qu'il y a entre PARFAIT, PRÉTÉRIT, PASSÉ.

26me Semaine.

Définir le PARTICIPE. Combien de sortes ? — Définir les 2 PARTICIPES ? — Montrer que le PARTICIPE présent exprime non pas seulement le moment de la parole, mais un PRÉSENT relatif à toutes les époques. Donner des exemples. — Qu'appelait-on autrefois GÉRONDIF ? 6 exemples. — Comment se termine le participe PRÉSENT ? — N'avait-il pas autrefois 2 formes différentes ? Donner 4 exemples. — Quelle différence entre le participe PRÉSENT et l'adjectif verbal ? — Quelle différence entre l'ACTION et l'état. (Même article).

27me Semaine.

Qu'est-ce que le PARTICIPE passé ? — Montrer qu'il exprime toujours un passé, mais un passé relatif. — Comment se terminent les PARTICIPES passés ? Donner des exemples. — Quel est le principe général de l'accord du participe passé ? — Un participe passé reste-t-il actif quand il est employé sans auxiliaire ? — Résumer les règles ordinaires du PARTICIPE passé. — Le QUE relatif précédant un PARTICIPE passé, est-il toujours régime direct ? — A quoi équivaut ce QUE relatif ? (Même article). — Dites la règle des mots FEU, EXCEPTÉ, SUPPOSÉ ?

28me Semaine.

Qu'appelle-t-on PARTICULE en grammaire ? — Citer 20 mots PARTICULÉS, montrer les avantages qui résultent de l'étude des particules. — Qu'est-ce qu'un collectif PARTITIF ? — Quand un nom commun est-il pris dans un sens PARTITIF ? — Qu'est-ce qu'un verbe PASSIF ? — De quelle sorte de verbes se forment les verbes PASSIFS ! — Comment s'y prend-on ? 4 exemples. — Les verbes PASSIFS ont-ils une conjugaison particulière ? — Comment doit-on analyser un verbe PASSIF ? — A quoi servent les verbes PASSIFS ?

29me Semaine.

Qu'est-ce qu'un PÉJORATIF ? — Dans quelle partie du mot est l'idée PÉJORATIVE ? — Donner quelques exemples. —

Qu'est-ce qu'une PÉRIPHRASE ? — Cherchez 6 périphrases dans les Fables de Lafontaine ou ailleurs. — Qu'est-ce qu'un pronom PERSONNEL ? — Tableau des pronoms PERSONNELS ? — Qu'est-ce qu'un mode personnel ? — Combien y en a-t-il ? — A quel mode PERSONNEL ne peut-on exprimer le sujet ? — Qu'est-ce qu'une PHRASE ? — Quand la PHRASE ne diffère-t-elle pas de la proposition ? — Quand en diffère-t-elle ? 2 exemples.

30ᵐᵉ Semaine.

Qu'est-ce qu'un PLÉONASME ? — Quand est-il vicieux ? — Quels sont les mots prenant la marque du PLURIEL ? — Qu'est-ce que le PLUS QUE PARFAIT ? — Quand est-il régulièrement employé ? — Est-il exact de dire : J'AI APPRIS QUE VOUS AVIEZ été malade. — Quand fait-on usage du POINT, du POINT-VIRGULE, des DEUX-POINTS ? — Faire le tableau des signes de ponctuation ? — Qu'est-ce que le POSITIF dans les adjectifs ? — Qu'est-ce qu'un adjectif POSSESSIF ? — Tableau des adjectifs POSSESSIFS ? — Qu'est-ce qu'un pronom POSSESSIF ? — Tableau des pronoms POSSESSIFS ? — De quoi l'adjectif POSSESSIF tient-il la place ? 2 exemples. — De quoi le pronom POSSESSIF tient-il la place ? 2 exemples. — Pourquoi n'est-ce pas français de dire : J'ai mal à ma tête. (Même article.)

31ᵐᵉ Semaine.

Qu'est-ce qu'une PRÉPOSITION ? — Dresser le tableau de nos principales PRÉPOSITIONS ? — A quoi reconnaît-on qu'une phrase renferme une inversion. — Y a-t-il des PRÉPOSITIONS purement euphoniques ? 3 exemples. — Quelles sont les deux PRÉPOSITIONS qui se sous-entendent le plus souvent ? — 3 exemples. — La même PRÉPOSITION peut-elle exprimer des rapports différents ? 4 exemples. — Qu'appelle-t-on antécédent et conséquent d'une PRÉPOSITION ? — Quelles PRÉPOSITIONS n'unissent pas deux mots ? 2 exemples. — Que signifie PRIMITIF ? — Qu'est-ce qu'un temps PRIMITIF ? — Faire le tableau des temps PRIMITIFS ?

32ᵐᵉ Semaine.

Qu'est-ce qu'un PRONOM ? — Quelle fonction remplit le PRONOM ? — Le PRONOM peut-il toujours être remplacé par un nom ? — Combien de sortes de PRONOMS ? En faire cinq tableaux. — Qu'est-ce qu'un verbe PRONOMINAL ? — Le pronom qui accompagne un verbe pronominal à l'impératif et à l'infinitif est-il sujet ou complément ? — Que dites-vous de l'orthographe des participes passés des verbes PRONOMINAUX essentiels ? 2 exemples. — Que dites-vous de l'orthographe des participes passés des verbes PRONOMINAUX formés de verbes neutres ? 2 exemples. — Que dites-vous de l'orthographe des participes passés des verbes PRONOMINAUX formés d'un verbe actif ? 2 exemples. — Quand un verbe PRONOMINAL a-t-il un sens passif ? — Quels verbes neutres ne peuvent devenir PRONOMINAUX ? — Quand le verbe PRONOMINAL est-il réciproque ? — Quand est-il réfléchi ? 2 exemples.

33me Semaine.

Qu'est-ce qu'une PROPOSITION ? — Qu'est-ce qu'une PROPOSITION absolue ? 2 exemples. — Qu'est-ce qu'une PROPOSITION subordonnée ? 2 exemples. — Qu'est-ce qu'un nom PROPRE ? 4 exemples. — Qu'est-ce qu'un terme PROPRE ? — Combien le nom commun a-t-il de PROPRIÉTÉS ? — Citer des noms QUALIFIQUATIFS ? (Même article).—D'où se forment les substantifs en ITÉ, ou en TÉ ? 6 exemples. — Que signifie la terminaison IF ? (Même article). — Que signifie la terminaison ATRE ajoutée à un adjectif QUALIFICATIF ? (Même article).

34me Semaine.

Qu'est-ce que le RADICAL ? — Le radical est-il plus ou moins variable que la terminaison ? — Qu'est-ce qu'un mot RACINE, un mot élémentaire ? 4 exemples. — Quels sont les mots ou l'on voit le REDOUBLEMENT de la dernière consonne ? 6 exemples. — Qu'est-ce qu'un sujet SIMPLE ? 2 exemples. — Qu'est-ce qu'un attribut SIMPLE ? — Quand un adjectif , un verbe et un pronom relatif restent-il au SINGULIER ? — Qu'est-ce qu'un SUBSTANTIF ? — Quelle différence entre un SUBSTANTIF et un nom ? — Montrez-le par 4 exemples. — Définir le SUJET ? — Quels mots peuvent servir de SUJET ? 3 exemples.

35me Semaine.

Qu'est-ce que le SUPERLATIF ? — Combien d'espèces de SUPERLATIFS ? — Comment forme-t-on un SUPERLATIF relatif ? 4 exemples. — Comment forme-t-on un SUPERLATIF absolu ? 4 exemples. — Quand les mots LE PLUS, LE MIEUX, LE MOINS sont-ils invariables ? (Même article).—Les SYLLABES OI, AU, EU, sont-elles suivies d'une double consonne ? 3 exemples. — Qu'est-ce qu'une SYLLEPSE ? 2 exemples.

56ᵐᵉ Semaine.

Qu'appelle-t-on mots SYNONYMES ? — Y a-t-il de vrais SYNONYMES ? — Plusieurs mots de suite dans une phrase doivent-ils être considérés comme SYNONYMES ? — Dites ce qui se passe dans la pensée de celui qui emploie de suite plusieurs mots paraissant SYNONYMES ? — Qu'appelle-t-on phrases SYNONYMES ? — Faire 4 phrases SYNONYMES, c'est-à-dire ayant à peu près la même signification que celle-ci : LE ROI EST MORT. Répéter cet exercice toutes les semaines.

37ᵐᵉ Semaine.

Qu'est-ce que les TEMPS SIMPLES et les TEMPS composés ? — Le présent de l'indicatif s'emploie pour exprimer QUELS TEMPS ? 2 exemples. — Qu'est-ce qu'une FORME omnitemporelle ? — La FORME du futur simple s'emploie pour exprimer quels temps ? — Que dites-vous de si suivi d'un passé indéfini ? (Même article). 2 exemples. — Que dites-vous de si suivi d'un imparfait et d'un plus-que-parfait ? 2 exemples. (Même article). — Doit-on dire en analyse logique, quand je serai ayant dîné ou quand j'aurai été dînant ? Pages 145, 146, 147.

38ᵐᵉ Semaine.

En quoi consiste la TERMINAISON d'un mot ? — Quelle idée renferme la TERMINAISON ON ? 4 exemples. — Quelle idée renferme la TERMINAISON EAU ? — Quand les verbes TERMINÉS au présent de l'infinitif par oyer, uyer, remplacent-ils l'y par un i simple ? 4 exemples. — Qu'indiquent les TERMINAISONS ATION, ITION, SION, CTION, UTION, XTION, XION ? Donnez autant d'exemples. — Qu'exprime la TERMINAISON URE ajoutée au radical d'un verbe à l'infinitif ? 4 exemples.

39ᵐᵉ Semaine.

Qu'est-ce qu'un VERBE TRANSITIF ? — Combien de sortes de VERBES transitifs ? — Citer des VERBES actifs qui au sens propre ne veulent pour régime direct qu'un nom d'ÊTRE animé ; d'autres qui ne veulent qu'un nom de chose ? 2 Exemples. (Même article). D'autres enfin qui admettent indifféremment pour régime direct un nom de personne ou un nom de chose. 2 exemples. (Même article). — Faire les mêmes observations relativement au sujet. 2 exemples. — Pour bien conjuguer un VERBE que faut-il considérer ? — Dire l'emploi de la VIRGULE. Donner plusieurs exemples.

40ᵐᵉ Semaine.

Quels sont les adjectifs en EUR qui font au féminin EURE. 4 exemples. (Articles additionnels.) — Quels sont ceux qui font leur féminin en EUSE. (Mêmes articles.)— Quels sont ceux qui font leur féminin en TRICE (*id.*) — Que dites-vous de l'infinitif précédé de la préposition *à*? — A POUR ne sont-ils pas sous-entendus quelquefois devant les infinitifs? — Quand emploie-t-on le mode subjonctif? — Que dites-vous de l'orthographe de QUELQUE suivi d'un adjectif?

ERRATUM DE L'EXPLICATEUR.

Page 104, lisez numéro *quatre-vingt*, et non *quatre-vingts*.

Page 136, lisez *quelque* nombreuses beautés, etc., et non *quelques* nombreuses.

DICTÉES

DONNÉES EN APPLICATION

Aux Principes renfermés dans l'EXPLICATEUR.

PENSÉES DIVERSES.

1re Semaine.

Le corps est mortel et périssable ; mais notre âme est *impérissable* et *immortelle*. — Je n'ai jamais vu dans toute l'antiquité un homme aussi sage que Socrate : ses amis l'engageaient à se soustraire à la mort en s'échappant de sa prison ; il ne voulut jamais consentir à un acte *illégal*, quoique sa condamnation fut *injuste*, il voulut la subir, et c'est par cette résignation qu'il a rendu son nom *immortel*. — Une conduite *irrégulière* devient bientôt une conduite très-mauvaise. — Prenons garde ; car l'homme marche continuellement sur une pente ; s'il s'efforce de gagner le sommet de la pente, il suit le chemin de la vertu ; s'il se laisse aller, il tombe dans l'abîme. — Les *athées* nient l'existence de Dieu, de bouche seulement, mais leur cœur y croit. — On appelle peuple *asciens* ceux qui habitent les contrées où il n'y a pas d'ombre, ce qui arrive deux fois par an entre les deux tropiques. — L'*athée* agit autrement qu'il ne pense. — Je n'ose fréquenter le monde : la vertu y perd toujours son parfum. — Cet élève ne lit *pas*, aussi ne fait-il pas de progrès. — Cet élève ne lit *point*, aussi ne fera-t-il jamais de progrès.

EXERCICES.

Quelles sont les expressions NÉGATIVES complémentaires dans cette dictée ? — Faire un tableau de tous les mots qui sont précédés d'une particule NÉGATIVE. — Pourquoi après AUTREMENT avez vous mis la négation NE ? (Voir négation). — Montrer les divers degrés de force de ne , ne pas , ne point. (Même article).

Phrases détachées.

2ᵉ Semaine.

Les *chefs-d'œuvre* en littérature sont bien rares ; les *chefs*-d'œuvre en mécanique le sont moins dans notre siècle d'industrie. — Les *vers-à-soie* nous ont été apportés des Indes par les Missionnaires et ils ont augmenté nos richesses industrielles. — Voilà la saison de préparer les *plates-bandes* de ses jardins ainsi que les couches pour y semer des *choux-raves* et des choux-fleurs. — Quand je vois chez un peuple multiplier et agrandir les *hôtels-dieu*, je dis voilà une preuve que la corruption et la misère vont croissant chez ce peuple. — Une foule de gens de la classe du peuple convertissent les salaires reçus en *pour-boire*. — Les *grand'mères* ont toujours passé pour gâter les enfants, de là leur nom vulgaire de mères-gâteaux, les *grands-pères* n'ont pas la même réputation. — Autrefois il y avait autant de capitales que de provinces c'est-à-dire trente-deux ; aujourd'hui il y a autant de *chefs-lieux* que de départements. — Les *sous-préfets* sont les hommes les plus dépendants qu'on ait jamais vus. — Les *sous-censeurs* dans les colléges ne sont rien autre chose que des *maîtres-surveillants*. — Les *in-folio* étaient très-communs au moyen-âge ; cela prouve que les livres étaient peu répandus ; car on n'avait pas le moyen d'acheter des *in-folio* à cette époque.

EXERCICES.

Combien y a-t-il de NOMS COMPOSÉS dans cette dictée ? — Et combien de sortes de noms composés ? — Expliquer pourquoi les uns varient et les autres ne varient pas. (Article nom).

Phrases détachées.

3ᵉ Semaine.

L'amour du travail garantit le succès d'un élève. — Les progrès dans l'étude seront toujours en raison de l'application qu'y apportera l'élève. — Les enfants feraient beaucoup moins de fautes d'orthographe s'ils apprenaient parfaitement leurs leçons de grammaire. — Les enfants commencent généralement bien une page d'écriture et la finissent presque toujours mal, parcequ'ils manquent de persévérance. — Les maîtres ont toujours aimé et aimeront toujours les enfants studieux. — Nous aurions fini nos classes de bonne heure si nous eussions continué avec toute l'ardeur que nous avions montrée en commençant.

EXERCICES.

Pourquoi les grammairiens ont-ils pris pour temps primitifs le présent de l'infinitif, le participe présent, le participe passé, le présent de l'indicatif et le passé défini ? — D'où se forment le futur et le conditionnel présent ? — D'ou se forment l'imparfait de l'indicatif , le présent du subjonctif et les trois personnes plurielles du présent de l'indicatif ? — Y a-t-il réellement des temps primitifs c'est-à-dire qui ont précédé les autres ?

(Voir les articles DÉRIVÉ, PRIMITIF, FORMATION*)*.

Pensées morales.

4ᵉ Semaine.

Heureux celui qui prie ! il éprouve des consolations intérieures. — Les bons calculateurs sont excessivement rares. — Les inventeurs de machines n'ont jamais fait fortune. — Nous trouvons le bonheur dans la vertu , la consolation dans la religion. — Les braves, croyez-le bien, ressentent involontairement quelque frayeur à la vue du danger. — Nous sommes tous mortels, mais nous ne mourrons pas tous de la même manière. — Dieu entend les soupirs de l'humble qu'on outrage. — Dieu donne la pâture aux petits des oiseaux. — Donnez et vous recevrez. — Que de grâces vous ont été données et auxquelles vous n'avez point correspondu ! — Nous nous sommes toujours donné plus de peine pour contenter le monde que pour contenter Dieu. — Il a été donné bien des avis à la jeunesse, avis qu'elle a rendus inutiles par son étourderie.

EXERCICES.

Combien d'ADJECTIFS sont pris ici substantivement ? —Quand cela arrive-t-il ? — Cherchez dans cette dictée un même verbe accidentellement neutre, passif, pronominal, impersonnel ? — Comment cela arrive-t-il ? — Ou sont les ACCENTS toniques dans : Dieu entend les soupirs de l'humble qu'on outrage ? — Combien de substantifs ACTIFS dans cette dictée ? — Quelle différence entre une action et un état ? (Voir participe présent).

Phrases détachées.

5ᵉ Semaine.

La bonté nous rend aimables. — L'écriture illisible de cet élève est détestable. — L'élève paresseux, insouciant, deviendra un jour un homme méprisable. — Quiconque travaille est sûr de réussir. — Un philosophe ancien a dit : La racine de la science est amère, mais les fruits en sont doux. — Les enfants soigneux sont rares. — Ne choisissez jamais pour vêtements des étoffes *bleu-clair* parce que ce n'est qu'un déjeûner de soleil. — La société des hommes vicieux est dangereuse. — On a toujours remarqué un zèle excessif dans *les nouveaux convertis.* — Lorsque nous renonçons au monde nous devons devenir en quelque sorte *sourds-muets* : sourds pour ne plus entendre les paroles insidieuses du monde, les promesses trompeuses du démon ; muets pour ne plus rien dire qui sente le monde ; notre langage intérieur doit avoir pour objet les choses du Ciel.

EXERCICES.

Combien de noms ABSTRAITS dans cette dictée ? — Les mettre en colonne avec la définition du nom ABSTRAIT au haut. — Que signifie la terminaison ité et à quels mots se joint-elle ? ADJECTIF). — Quels espèces de mots indique-t-elle ? — Que signifie-t-elle ? — Que signifie la terminaison EUX ? —Quels mots indique-t-elle ? — A quels mots se joint-elle ? — Quelle différence entre l'ADJECTIF composé sourds-muets et bleu-clair ? — Combien de verbes sont pris dans un sens ABSOLU dans cette dictée ? — En faire le tableau. — Que signifie la TERMINAISON URE ? — A quoi s'ajoute-t-elle ? — De quel genre sont les substantifs qui se terminent ainsi ?

Conseils aux enfants.

6ᵉ Semaine.

Nous avons consacré tout le temps nécessaire à cultiver votre intelligence ; voyez maintenant, mes enfants, si vous avez répondu aux soins de vos maîtres. S'il importe qu'un maître soit zélé dans l'exercice de ses fonctions, il importe aussi qu'un enfant soit docile et laborieux. Interrogez les personnes âgées qui ont eu le malheur de perdre le temps précieux qu'elles pouvaient consacrer aux études ; elles vous diront : Nous nous affligeons, nous nous repentons, nous gémissons de n'avoir pas compris que le temps est précieux et que celui que l'on perd dans sa jeunesse est irréparable. Epargnez-vous tous ces regrets, toujours stériles, parcequ'ils sont toujours trop tardifs. Travaillez avec une nouvelle ardeur, vous aurez pour première récompense le bon témoignage de votre conscience qui vous dira : Vous avez fait ce que vous avez pu, le temps qui vous a été donné par la Providence, a été bien employé par vous.

EXERCICES.

Combien de verbes ACTIFS dans cette dictée ? — Combien de verbes PASSIFS ? — De verbes NEUTRES ? — De verbes PRONOMINAUX ? — De verbes IMPERSONNELS ? — Les verbes PRONOMINAUX sont-ils réfléchis ou réciproques ? — Montrez la différence de ces deux sortes de verbes pronominaux. — Comment feriez-vous pour remettre à l'ACTIF les verbes PASSIFS de cette dictée ?

Analyser la première phrase. — Indiquer : 1· La nature des mots, 2· la forme des mots, 3· la fonction des mots, 4· la signification des mots.

Pensées morales.

7ᵉ Semaine.

Dieu nous donne gratuitement ses grâces. — Les prisonniers qui sont injustement retenus n'ont pas tout le courage de Socrate, qui a subi avec tant de patience son long emprisonnement. — Le temps de moissonner est encore loin de nous. — La doctrine chrétienne répandue dans tout l'univers y a produit une abondante moisson. — Jésus-Christ a promis à son Eglise une assistance éternelle. — La langue qui parle le langage du monde est muette quand il s'agit de parler le langage du Ciel. — Celui qui renouvelle sans cesse sa résolution de persévérer dans le bien y persévère toujours. Heureux ceux qui sont doux et humbles de cœur ! ils posséderont le royaume du Ciel. — Le baptême nous régénère en Jésus-Christ et nous crée enfants de Dieu et de l'Eglise.

EXERCICES

Qu'entendez-vous par REDOUBLEMENT d'une consonne ? — Dans quelles circonstances la dernière consonne d'un mot se double-t-elle ? — Pourquoi DONNER, PRISONNIER, ÉTERNELLE, MUETTE ont-ils une double consonne ? — Pourquoi PRÉCÉDERAIT, RÉGÉNÈRE ont-ils un accent grave ? — A combien de temps et de personnes ces verbes prennent-ils un accent aigu au lieu d'un accent grave ?

Phrases détachées.

8ᵉ Semaine.

Croyez-vous que cet élève allât ailleurs qu'à son pays si on lui donnait la liberté de sortir de pension? Quant à moi je ne pense pas qu'il se dirigeât vers un autre lieu que le pays où demeurent ses parents. — Je n'ai jamais compris que François Iᵉʳ, si peu politique, si étourdi, si indiscret, ait pu lutter si longtemps contre Charles-Quint, qui avait sur son rival une supériorité incontestable sous tous les rapports ; ce que je n'aurais jamais pu croire c'est qu'il eût fait une promesse en jurant intérieurement qu'il ne l'accomplirait pas, et cependant personne n'ignore que cela n'ait eu lieu au traité de Madrid conclu entre lui et Charles-Quint.

EXERCICES.

Combien de verbes au SUBJONCTIF dans cette dictée ? — A combien de temps différents du subjonctif sont-ils et si chacun de ses verbes n'étaient pas au mode subjonctif à quel temps de l'indicatif seraient-ils ? (Voir l'article CONCORDANCE)

Conseils aux Élèves et aux Maîtres.

9ᵉ Semaine.

Nous aimons toujours ceux qui nous aiment. Si donc les maîtres aiment les élèves, les élèves aimeront les maîtres. — Les maîtres qui négligent leurs élèves et qui les laissent à eux-mêmes, peuvent leur plaire momentanément ; mais les enfants jugent trop sainement pour ne pas comprendre qu'ils ne sont pas en classe pour ne rien faire. — Il faudrait que les élèves et que les maîtres se pénétrassent de ces réflexions, et ni les uns ni les autres ne manqueraient à leurs devoirs. — Mon fils, disait Tobie : Aime toujours ta mère, elle t'a engendré, elle t'a soigné dans ton enfance : elle a donc mérité ton amour et ta reconnaissance. Aime les pauvres ; si tu as peu, donne peu, si tu as beaucoup, donne beaucoup. — Donnons notre superflu aux pauvres, et nous donnerons encore beaucoup. — Apprenons à vivre de peu, et notre superflu croîtra.

(Voir l'article DÉRIVÉ*).*

EXERCICES.

Faire 5 tableaux sur copie : — Le premier contiendra tous les temps de la dictée formés du présent de l'infinitif et dire en haut comment s'opère cette formation. — Le second contiendra tous les temps de la dictée formés du participe présent. — Le troisième contiendra tous les temps de la dictée formés du participe passé. — Le quatrième contiendra tous les temps de la dictée formés du présent de l'indicatif. — Le cinquième contiendra tous les temps de la dictée formés du passé défini.

Pensées Morales.

10ᵉ Semaine.

Tout chrétien fait difficilement son salut. Je pourrais vous citer des saints qui ont fait le leur en luttant continuellement avec le démon. — Mon père me répétait souvent : Travaille, et si tu faiblis quelque fois, pense à mes vieux jours ; et si ma vieillesse est secourue par mon fils, la sienne sera heureuse. Ma mère me disait encore : Je t'ai nourri de ma propre substance, je n'attends de toi qu'une substance étrangère, et tu ne me la donnerais pas ?

EXERCICES.

Quels sont les ADJECTIFS POSSESSIFS et les PRONOMS POSSESSIFS de cette dictée ?—De quelle personne sont les adjectifs POSSESSIFS qui y figurent ? — Montrez la différence entre ces adjectifs POSSESSIFS et ces pronoms POSSESSIFS ? — De quelle personne sont ces pronoms POSSESSIFS ? (Voir les 3 mots adjectif, pronom, possessif).

Pensées diverses.

11e Semaine.

Un cœur *rongé par l'envie* n'a jamais connu le bonheur. — Ce père de famille a toujours mené une vie agitée et *remplie de malheurs*. — L'homme *rempli de vertus* met sa confiance plutôt en Dieu que dans les hommes, aussi ne désespère-t-il jamais de rien. — Il y a des fonctions *remplies de dangers ;* et pourtant il faut qu'elles soient exercées. — Prenez garde qu'on vous *voie* jamais inquiète et *pleine de soucis*, on devinerait le trouble de votre conscience. — Un juge *plein de conscience doit être d'autant plus estimé* que de tels hommes sont rares. — Cette personne *doit être regrettée*. — La paresse et l'indolence, quoiqu'elles *doivent être détestées*, sont cependant encore moins pernicieuses que le vice et la débauche. — Quel avenir peut espérer un jeune homme *plein de vices* ?

(Voir le mot ADJECTIF).

EXERCICES.

Changer les mots en italique en adjectif en EUX ou ABLE. — Combien de substantifs dans cette dictée peuvent se changer en adjectifs terminés par EUX et que signifie cette terminaison? — Combien de verbes PASSIFS dans cette dictée peuvent devenir des adjectifs terminés par ABLE, et que signifie cette terminaison?

Phrases détachées.

12e Semaine.

Il n'est pas sûr que nous fissions bien d'aller à Paris, lors même que des affaires importantes nous forceraient à y aller. — Je ne pense pas que mes maîtres eussent réussi avec moi s'ils eussent été trop doux. — Je crains beaucoup que mon père ne soit venu demain quand je sortirai. — Je ne m'imagine pas qu'on puisse aimer Dieu sans aimer le travail. — Les Romains ne s'imaginaient pas que les nations conquises dussent leur en vouloir, et ils auraient pourtant bien dû comprendre qu'il est impossible que le vaincu aime le vainqueur, que le peuple qui a perdu sa nationalité, son nom de peuple puisse voir d'un bon œil et avec satisfaction le conquérant qui a ravagé ses provinces et rayé son nom de la liste des nations.

(Voir les articles CONCORDANCE, SUBJONCTIF).

QUESTIONS GRAMMATICALES.

Faire le tableau de tous les verbes qui sont au subjonctif dans cette dictée. — Dire à quel temps ils sont. — Pourquoi ils sont à ce mode ? — Pourquoi ils sont à ce temps ? — Dire enfin par quels temps de l'indicatif ou du conditionnel on les remplacerait si on les ôtait du mode subjonctif.

Fausse opinion des élèves.

13ᵉ Semaine.

Si les jeunes gens avaient toujours suivi les conseils qu'on leur a donnés, il est certain que leur avenir serait très-souvent plus heureux qu'il ne l'est en réalité. Malheureusement ils se sont toujours imaginé que les personnes qui s'étaient chargées de leur éducation avaient pour principale fonction de les traiter durement, et de les gronder à tort et à travers. Nous nous sommes souvent aperçus que les jeunes gens qui s'étaient crus esclaves durant les quelques années qu'ils ont consacrés à leur éducation et à leur instruction, une fois échappés des établissements d'instruction publique, se sont livrés sans mesure à toutes leurs passions ; aussi la plupart se sont-ils perdus. Les habitudes que nous avons vu contracter depuis quelques années dans les colléges et les pensions démontrent assez que l'éducation et l'instruction deviennent impossibles. — La fumée du tabac chasse les Muses et attire les gens oisifs.

(Voir l'article PARTICIPE PASSÉ).

EXERCICES.

Faire deux tableaux : l'un contenant tous les participes passés invariables, et l'autre tous les participes passés variables. — Dire pourquoi les premiers ne varient pas, et pourquoi les deuxièmes varient.

Phrases détachées.

14ᵉ Semaine.

Les hommes, en cherchant à acquérir des richesses, perdent quelquefois l'estime des honnêtes gens. — Les hommes égoïstes sont communs de nos jours, et les hommes obligeants deviennent de plus en plus rares. — La jeunesse, oubliant trop souvent son avenir, cherche les satisfactions du moment, et c'est ainsi qu'elle se perd. — Il y a des procédés déshonorants, *infamants*, nous devons les avoir en horreur. — Les hommes négligents finissent toujours mal ; en *négligeant* ses devoirs on nuit toujours à ses intérêts. — Ne retiens jamais le bien d'autrui à ton escient. — Le président de cette assemblée s'est endormi en la présidant, voilà une preuve qu'il n'est guère influent. — Tous les hommes *influant* sur l'opinion publique finissent par être des démagogues, s'ils n'ont pas une place élevée, et s'ils sont ambitieux. — Les rayons du soleil, en convergeant au point d'une lentille, forment un faisceau produisant assez de chaleur pour mettre le feu à l'objet inflammable présenté à ce point lumineux.

EXERCICES.

Etablir trois colonnes : — La première contiendra tous les PARTICIPES PRÉSENTS ; — La seconde contiendra tous les adjectifs verbaux terminés par ANT. (Même article). — La troisième contiendra tous les gérondifs ; c'est-à-dire, tous les PARTICIPES PRÉSENTS précédés de la préposition EN. — En haut de chaque colonne écrire la définition du PARTICIPE PRÉSENT, de l'adjectif verbal et du gérondif. (Même article). — N'y a-t-il pas des PARTICIPES PRÉSENTS en ENT ? — Quelle différence y a-t-il entre une action et un état ? (Même article). — Est-ce que le PARTICIPE PRÉSENT exprime toujours une action ou un état ayant lieu au moment de la parole ?

Phrases détachées.

15ᵉ Semaine.

Ne dérangeons jamais personne d'une occupation sérieuse, pour ne jamais nous rendre importuns ; n'interrogeons jamais personne , cela ne convient pas à notre âge : nous paraîtrions indiscrets et curieux. — Ne menaçons personne, car à notre âge les menaces sont ridicules. — Traçons-nous une ligne de conduite en prenant un bon modèle , et ne nous en écartons jamais. — Espérons en Dieu plus que dans les hommes. — La mort nous enlève des personnes bien chères, ne les oublions pas dans nos prières. — Celui qui empiète sur le bien des autres est un homme indélicat et improbe. — Si l'on prononce devant nous le nom d'une personne que nous avons perdue et qui nous était chère, cela renouvelle nos douleurs. — Dieu rejette toutes les âmes orgueilleuses. — Employons bien notre temps, nous contenterons nos maîtres, nos parents et nous-mêmes. — Celui qui le priera et lui demandera ses grâces avant chaque étude, sera plus disposé au silence et au recueillement, et Dieu agréera ses travaux.

(Voir l'article CÉDILLE).

EXERCICES.

Dans quel cas les verbes terminés à l'infinitif par CER prennent-ils une cédille sous le c ? — Pourquoi prennent-ils cette cédille ? — Dans quel cas les verbes en GER prennent-ils un c euphonique ?

(Voir l'article REDOUBLEMENT *pour tout ce qui suit).*

Dans quel cas le verbe ESPÉRER et tous ceux qui comme lui prennent un accent aigu à l'infinitif présent changent-ils cet accent aigu en accent grave ? — Dans quelle circonstance les verbes terminés à l'infinitif présent par ELER , ETER, doublent-ils L et T ? — Dans quelle circonstance les verbes en YER prennent-ils un I à la place de l'y ?

Pensées diverses.

16ᵉ Semaine.

Les bonnes actions, que nous aurons faites dans notre jeunesse, seront pour nous une véritable consolation quand nous serons parvenus à la vieillesse. — Les services que nous aurons rendus aux personnes que nous aurons connues dans l'indigence, deviendront pour nous une source intarissable de joie et de bonheur. — Que de personnes n'a-t-on pas vues traîner une existence malheureuse, parcequ'elles n'ont jamais su faire le sacrifice de leur volonté ! — Combien de personnes n'avons-nous pas rencontrées inquiètes et malheureuses, uniquement parcequ'elles s'étaient occupées de choses, qui ne les avaient jamais regardées ! — Les progrès que nous avons vu faire aux élèves, nous ont toujours semblé découler du plus ou du moins d'application, qu'ils avaient apportée au travail. — Que de personnes ont perdu le temps que Dieu leur avait donné pour vivre et pour mériter le bonheur des élus ! — Les peines que j'ai éprouvées dans ma vie, seront pour moi, je l'espère, une cause de bénédiction, si je les ai supportées avec la résignation d'un chrétien. — Combien de projets n'avons nous pas formés, lorsque nous étions jeunes ? et tous ces projets ont échoué et n'ont contribué qu'à nous faire voir que l'homme propose et que Dieu dispose.

(*Voir l'article* PARTICIPE).

EXERCICES.

1· Pourquoi le participe passé est-il nommé participe passé ? 2· Montrez par 3 exemples qu'il indique toujours un passé ? — 3· Combien les participes de cette dictée ont-ils de terminaisons différentes ? — 4· Faire une colonne de tous les participes passés que vous aurez fait accorder, et dire pour quelle raison vous les avez fait accorder. — 5· Mettre à part 1· tous les participes passés sans auxiliaire, 2· tous les participes passés accompagnés de l'auxiliaire ÊTRE, 3· tous les participes passés accompagnés de l'auxiliaire AVOIR, 4· tous les participes passés précédés de leur régime direct. — 6· Chercher 3 phrases où se trouve la négative NE PAS, sans que ces phrases soient négatives.

Phrases détachées.

17ᵉ Semaine.

Tout homme qui fait des efforts pour plaire au monde est sûr de déplaire à Dieu. — Plusieurs philosophes anciens ont donné des préceptes admirables et presque semblables aux préceptes de notre Evangile. Ces philosophes les ont-ils pratiqués ou non? je l'ignore. — Ma vie est votre bien, vous pouvez le reprendre. Ma vie est peu de chose et je vous l'abandonne. — Les trois cents Spartiates à la tête desquels était le brave Léonidas périrent tous plutôt que de se rendre. Ne voyez-vous pas là un fait semblable à celui que raconte la Bible dans l'histoire de Gédéon? Nous trouvons encore un troisième fait, qui semble avoir été calqué sur le fait biblique : C'est le dévouement des trois cents Fabius.

QUESTIONS GRAMMATICALES.

Chercher combien d'ADJECTIFS DÉTERMINATIFS dans cette dictée et définir chaque espèce. — Dire combien il y a d'ADJECTIFS NUMÉRAUX dans cette dictée.

Phrases détachées.

18ᵉ Semaine.

Si un élève veut faire des progrès, il doit travailler avec zèle et persévérance. — César vient en Gaule, apprend que les Helvétiens veulent pénétrer dans les Gaules, marche contre eux, les bat et les force à rentrer dans le pays qu'ils ont quitté. — Un de mes amis arrive à l'instant chez moi, je suis obligé de le quitter et je lui dis : Restez quelques instants sans moi, je rentre dans trois minutes. — Quand une fois un élève a secoué le joug de l'obéissance, il marche à grands pas vers sa perte ; l'oisiveté l'engourdit, ses facultés s'affaiblissent et il est heureux si de degré en degré il n'arrive pas à l'abrutissement. — Nous réussirons toujours si nous avons travaillé dans notre jeunesse. — Dieu dit à l'homme après son péché : Tu travailleras la terre ; au serpent : Tu ramperas sur la terre ; et à la femme : Tu enfanteras avec douleur.

(Voir l'article TEMPS*).*

QUESTIONS SUR LA DICTÉE.

1° Réunir tous les présents de l'indicatif de cette dictée qui expriment réellement le moment de la parole. — 2° Réunir tous les présents de l'indicatif qui expriment un passé très éloigné. — 3° Réunir ceux qui expriment un passé très rapproché et un futur très rapproché. — 4° Réunir tous les présents qui expriment tous les temps à la fois. — 5° Réunir tous les futurs qui expriment des impératifs. — 6° A quel temps est réellement le verbe qui suit la conjonction si dans cette dictée.

Phrases détachées.

19ᵉ Semaine.

J'aime *à* faire la classe à des enfants qui désirent ardemment *de* travailler ; en effet qui ne les aimerait pas ? — On ne peut parvenir à la science sans travail, ni à la vertu sans efforts. — Nous nous rendrons à Paris prochainement par une voiture dont le service est nouvellement organisé. — Toutes les découvertes que Dieu a laissé faire aux hommes, ont un but d'utilité. — Napoléon, empereur des Français, couvrit la France de gloire à la célèbre journée de Marengo. — Léonidas, chef des trois cents Spartiates, défendit vaillamment aux Thermopyles la cause de sa patrie. — Marius, consul pour la neuvième fois, rencontra les Cimbres et les Teutons, vainquit les uns près du village de Pourrière, dans les environs d'Aix, et anéantit les autres dans les plaines de Verceil, en Italie.

EXERCICES.

Indiquez quelles sont les deux PRÉPOSITIONS qui, dans cette dictée, n'expriment aucun rapport, aucune idée ?

(Voir l'article COMPLÉMENT*).*

Faire 3 colonnes : La première contenant les régimes directs, la deuxième les régimes indirects, et la troisième les régimes circonstanciels.

(Voir l'article COMPLÉMENT*).*

Phrases détachées.

20ᵉ Semaine.

Lorsque les enfants sont le plus sages c'est alors que les maîtres les aiment le plus. — Les enfants ne deviendront les plus savants de leur division que quand ils travailleront le plus. — Les premiers dans l'estime des maîtres ne sont pas toujours ceux qui sont les plus savants de la classe, mais bien ceux qui se conduisent le mieux. — Les Grecs et les Perses ont combattu les uns contre les autres à Marathon ; mais ce sont les Grecs qui ont combattu le plus vaillamment. — La Grèce a été la contrée la plus civilisée de la terre. — Les sept sages de la Grèce se sont fait remarquer le plus par leur bonne conduite et leurs bons principes.

(Voir l'article SUPERLATIF, ABSOLU, RELATIF).

EXERCICES.

Combien de superlatifs absolus dans cette dictée ? — Faire le tableau de tous ces superlatifs. — Combien de superlatifs relatifs dans cette dictée ? — En faire le tableau.

Pensées diverses.

21ᵉ Semaine.

Le vicieux trouvera dans sa conscience le tourment qu'il mérite. — Les sages sont malheureusement trop clair-semés sur cette terre. — Quand nous commençons à nous endormir, dit Madame de Sévigné, nous avons des pensées gris-brun. — Les nouveaux convertis ont toujours un zèle ardent. — Dieu seul est adorable ; aimons-le sincèrement, il nous protégera toujours. — Enfants, soyez tout à la fois vertueux et savants. — Toute connue qu'est la bonté de Dieu, beaucoup la méconnaissent. — Quand Dieu eut créé l'homme, il se reposa. — O heureuse jeunesse, pourquoi es-tu si rapide ? — Il est un lieu où la jeunesse est permanente ; c'est le Ciel ; mes enfants, n'oubliez pas cette parole pour vous consoler des infirmités de la vieillesse. — Louis IX, roi de France, mourut en Afrique. — La Bourgogne fut réunie à la France sous Louis XI après la mort de Charles-le-Téméraire. — L'héroïne de Vaucouleurs a ranimé le courage de son époque. — Le bon Dieu est juste : conséquemment il punira le pécheur.

EXERCICES.

Cherchez dans cette dictée les ADJECTIFS pris substantivement et expliquez quand cela peut avoir lieu. — Cherchez combien cette même dictée renferme d'ADJECTIFS composés et dire pourquoi vous les faites varier ou non varier.—Combien d'ADJECTIFS en ABLE et que signifie la terminaison ABLE ?—Combien d'ADVERBES modifiant le radical du verbe et combien modifiant la terminaison du verbe ? —Combien de LOCUTIONS adverbiales? — Combien de passés ANTÉRIEURS et que signifie ce temps ? — Combien de sujets APPARENTS , cherchez le vrai sujet. — Combien d'APPELLATIFS et d'APPOSITIONS ? — Combien de noms propres précédés de l'article et pourquoi ? — Pourquoi l'H d'héroïne n'est-elle pas ASPIRÉE ? — Montrez la différence de l'ADJECTIF et de l'ATTRIBUT dans la dernière phrase ?—Combien de verbes ATTRIBUTIFS dans la dictée ? — Peut-on dire verbes adjectifs, comme quelques grammaires ? (Même article).

Phrases détachées.

22ᵉ Semaine.

L'homme est mortel. — L'homme vertueux trouvera sa récompense. — L'homme qui vous sert mérite vos égards. — La conduite des élèves n'est pas souvent irréprochable. — Les tortures du cœur des avares devraient nous dégoûter des richesses. — On rencontre des enfants qui sont très-dociles, et ceux-là sont les seuls aimables et les seuls aimés. — On a vu des chiens qui se sont sacrifiés pour sauver la vie de leurs maîtres. — J'ai bu d'excellente bière dans le département du Nord et j'ai bu de bon vin à Bordeaux. — J'ai rencontré des petites-maîtresses, ainsi que des petits-maîtres, et j'affirme que leur conversation m'a singulièrement déplu. — Quand nous mangerons des petits-pois, nous serons plus avancés en saison que nous ne sommes. — Quand nous aurons du beau temps, nous reprendrons nos promenades habituelles.

(*Voir le mot* ARTICLE, *le mot* COMPRÉHENSION).

QUESTIONS GRAMMATICALES.

Combien l'ARTICLE DES est-il répété de fois dans le devoir ? —Indiquer si le substantif qui suit chacun de ces ARTICLES DES exprime soit un genre, soit une espèce, soit des individus. —

Combien de noms communs dans cette dictée et pourquoi chaque nom commun est-il précédé de l'article ? — Combien de verbes PASSIFS dans cette dictée ? — Comment fait-on pour former un verbe passif ? (Même article).

Conseils utiles.

23ᵉ Semaine.

Il importe de former de bonne heure nos jeunes cœurs à la vertu. — Si nos parents et nos maîtres nous dirigent bien, nous suivrons sans peine le bon chemin quand nous parviendrons à un âge plus avancé. — N'oublions jamais ces paroles qui devraient être éternellement gravées dans nos cœurs : Il est beau de ne jamais sortir du devoir, mais il est plus beau encore d'y rentrer avec le repentir. — Que de conseils inutiles n'ont pas été donnés à la jeunesse ? Que de bons avis n'a-t-elle pas reçus ? — Il faut être jeune pour manquer si souvent à la voix impérieuse du devoir, qui nous commande toujours le bon, le juste et l'honnête.

EXERCICES.

Faire 4 tableaux. — Le premier contiendra tous les verbes ACTIFS de la dictée. — Le deuxième contiendra tous les verbes PASSIFS. — Le troisième contiendra tous les verbes NEUTRES. — Le quatrième contiendra tous les verbes IMPERSONNELS. — Il y a 3 noms ABSTRAITS à la fin de la dictée, quels sont-ils ?

Phrases détachées.

24ᵉ Semaine.

Les vents ont soufflé avec force et les neiges ont été bientôt balayées d'un endroit pour être accumulées dans l'autre. — Les pauvres ont déjà pleuré plus d'une fois cet hiver. — Si toutes les larmes versées par les malheureux non secourus étaient recueillies et portées devant Dieu, on entendrait une voix qui dirait ces paroles : Malheur aux riches ! leurs frères ont été affligés, ils ont gémi, ils ont pleuré et ils n'ont pas secouru ces frères malheureux. — Encore quelques jours passés et les danses auront cessé, les bals auront fini leur cours, les folies auront cessé, mais les fous resteront. — Nous âvons soupiré après les plaisirs, les plaisirs sont arrivés et nous avons senti que notre âme n'avait pas été remplie.

EXERCICES.

Faire 3 tableaux. — Le premier contiendra tous les participes passés sans auxiliaire. — Le deuxième contiendra tous les participes passés avec l'auxiliaire ÊTRE. — Le troisième contiendra tous les participes passés avec l'auxiliaire AVOIR. — On consultera l'EXPLICATEUR sur le PARTICIPE PASSÉ.

Comment on résiste au scandale.

25ᵉ Semaine.

Saint Paul disait : Pour être chrétien parfait, il faut avoir la folie de la Croix. Cette parole montre que le chrétien véritable et fervent peut porter son zèle jusqu'à l'enthousiasme ; s'il n'a pas alors une raison forte et puissante, il peut aller au-delà des limites du devoir et tomber dans l'intolérance et le fanatisme. — Détournons toujours nos regards des objets qui pourraient devenir pour nous une occasion de chute et de scandale. Quand nous avons besoin de secours en pareille circonstance, recourons à la prière, je suis convaincu qu'on n'invoque jamais Dieu inutilement ; car ou la grâce découle sur nous d'en haut, ou, à force de réflexions, nous nous surexcitons nous-mêmes, et nous acquérons une force momentanée qui nous assure le triomphe.

(Voir les articles MODIFICATION, TERMINAISON,
PARTICULE).

Ce devoir exige beaucoup de travail et d'intelligence.

EXERCICES.

Chercher tous les substantifs qui ont pu former des verbes et tous les verbes qui ont formé des substantifs. — Faire un tableau de tous les mots précédés d'une particule et dire le sens de la particule et l'influence qu'elle exerce sur le sens du mot primitif. — De combien de manières peut-on modifier le sens d'un mot ?

Phrases détachées.

26e Semaine.

Je verrais aujourd'hui avec plaisir un de nos anciens condisciples auquel je suis redevable du succès de mes classes, parce que c'est lui qui excitait mon émulation. Je le verrais dans quinze jours encore avec plus de plaisir, parce que je me trouverais alors en vacances et que j'aurais tout mon temps à lui consacrer. Il serait venu il y a trois semaines qu'il m'eût été impossible de rester longtemps avec lui, vu les nombreuses occupations qui m'assiégeaient. —{J'aimais beaucoup ce condisciple, il m'engageait au travail, il me surpassait; mais je cherchais à l'égaler; nous fîmes de bonnes parties ensemble; nous avons souvent excité la jalousie de nos condisciples; quand nous eûmes fini nos classes, nous nous séparâmes pour ne plus nous revoir pendant longtemps. J'avais fini avant dix-huit ans, et lui avait à peu près le même âge. Il me disait souvent : Travaille, mon ami, c'est ainsi qu'on devient un homme remarquable, quelle que soit la condition que le ciel nous destine; aie fini tes classes avant vingt ans, et pour cela travaille aujourd'hui, travaille demain, travaille toujours.

EXERCICES.

Cherchez les mots : MODE et le nom de chaque MODE, de chaque TEMPS et l'article additionnel (le dernier). — Combien de MODES y a-t-il dans cette dictée ? — 1° Combien de formes différentes dans tous les passés de cette dictée ? — 2° Dans le MODE CONDITIONNEL de cette dictée ? — 3° Dans le MODE IMPÉRATIF de cette dictée ? — 4° Combien y a-t-il de temps dans le MODE CONDITIONNEL de cette dictée ? — 5° Combien de temps dans le MODE IMPÉRATIF de cette dictée ? — 6° Quel est la règle de QUELQUE ?

Phrases détachées.

27e Semaine.

Nous sommes sûrs de réussir plus ou moins dans un devoir si nous y apportons toute notre attention. L'élève qui, après avoir médité longtemps, après avoir cherché les idées et les pensées que comporte le sujet qu'on lui aura donné à traiter, apportera tous ses soins à mettre toutes ses idées en ordre et à les revêtir d'expressions convenables, sera sûr d'avoir fait quelque chose de passable. — Le chrétien qui meurt après avoir reçu les sacrements n'est pas encore certain d'avoir fait tout ce qu'il faut pour arriver au ciel. — Je me rappelle avoir vu dans un ouvrage de saint Bernard ces paroles : Personne ne sait s'il est digne d'amour ou de haine de la part de Dieu.

EXERCICES.

Combien de PRÉSENTS DE L'INFINITIF dans cette dictée ? — Montrer qu'ils n'expriment pas tous le moment de la parole. — Combien de PASSÉS DE L'INFINITIF ? — Montrer quels passés ils expriment.

Les enfants doivent obéir.

28ᵉ Semaine.

Cherchez toujours à conserver l'égalité de caractère ; et si vous ne l'avez pas, efforcez-vous constamment de l'acquérir. — On est tout disposé à aimer les enfants ; jugez de la peine qu'ils nous font éprouver quand, aussitôt que nous les voyons, notre cœur vole vers eux et que ce cœur, que nous leur donnons si volontiers, est dédaigneusement repoussé. — Autrefois la jeunesse était plus docile parce qu'il y avait plus d'autorité ; mais aujourd'hui que l'autorité est perdue depuis qu'on a enseigné aux enfants à demander pourquoi on leur commande telle ou telle chose, il n'y a plus de soumission ; ils sont donc moins aimables parce qu'ils sont moins soumis ; ils sont trop raisonneurs pour être raisonnables. Si on leur dit : Allez ici, allez là, ils vous demandent pourquoi ; et s'ils y vont, c'est qu'ils ont compris que c'est leur intérêt, autrement ils n'obéiraient pas. Si Dieu a dit : Malheur à ceux qui contristent leurs parents ! les enfants indociles doivent trembler.

EXERCICES.

Faire le tableau de tous les ADVERBES de cette dictée. — Dire quels sortes d'ADVERBES et de quels mots ils sont formés.

Il faut acquérir des connaissances utiles.

29ᵉ Semaine.

Mes enfants, quand on est jeune, on doit chercher à acquérir des connaissances utiles; mais toutes les connaissances ne vous sont pas utiles. Destinés à rester à la campagne, vous devez savoir parfaitement ce qui concerne les travaux des champs. Fils de cultivateurs, vous serez cultivateurs comme eux : apprenez donc les choses nécessaires à cette profession. Vous qui cultivez la terre, connaissez la terre, c'est-à-dire les parties qui composent le sol que l'on cultive et les parties qui composent le sous-sol. Il y a des terres plus ou moins fertiles, connaissez d'où vient cette fertilité, afin de rendre féconde la terre qui ne l'est point. Vous sémerez des céréales, des plantes fourragères, connaissez les céréales et les plantes fourragères ; sachez les reconnaître quand elles sont en herbe et lorsque vous n'en voyez même que les graines. Les graines n'ont pas la même propriété germinative lorsqu'elles sont vieilles que lorsqu'elles sont jeunes ; sachez à l'inspection de la graine reconnaître cette différence. La terre a besoin d'engrais pour réparer les pertes qu'elle a faites, sachez connaître les divers engrais et leurs propriétés. L'agriculteur a besoin d'animaux domestiques, sachez distinguer les meilleurs quant à l'espèce, quant à la force, quant à la santé, quant au produit. Le fermier s'enrichit par son lait, par son fromage, par ses volailles, sachez faire le lait, sachez faire le fromage, et connaissez les diverses espèces d'oiseaux qui doivent peupler les basses-cours.

EXERCICES.

Combien y a-t-il d'IMPÉRATIFS dans cette dictée ? — Définir le mode IMPÉRATIF et dites si le futur n'exprime pas quelquefois un IMPÉRATIF ? — Combien y a-t-il de PRONOMS PERSONNELS dans cette dictée, et dire si ces PRONOMS PERSONNELS peuvent être remplacés par des noms ? — Quelle est est la PRÉPOSITION de cette dictée qui n'unit pas 2 mots, combien de fois est-elle répétée et comment s'écrit-elle ? — Combien d'APPELLATIFS dans cette dictée ? — Toutes les PROPOSITIONS qui commencent par QUI ou QUE relatif sont incidentes, combien y en a-t-il dans cette dictée et sont-elles explicatives ou déterminatives?—Tout adjectif INDÉFINI a 3 sens ; expliquer quel est le sens du mot TOUT dans cette dictée ? (voir déterminatif.)

Où est le bonheur.

30ᵉ Semaine.

Il n'est point défendu à l'homme de chercher son bonheur, il est même poussé par instinct à cette recherche ; mais qu'il prenne garde de le chercher où il n'est pas. Pourtant il est aisé de le trouver. — L'homme qui embrasse un état auquel la Providence le destine, c'est-à-dire qui a suivi sa vocation véritable quand il a choisi son genre de vie, trouvera nécessairement le bonheur.

A quelles marques reconnaît-on une véritable vocation? Les voici : Bien réfléchir auparavant, sentir un goût prononcé, un entraînement irrésistible pour telle ou telle profession, être bien sûr qu'on possède toutes les connaissances nécessaires pour remplir tous les devoirs de cet état, ressentir toujours le même désir de l'embrasser quoiqu'on en connaisse tous les inconvénients.

Si la chose est ainsi, on a la vocation, on peut embrasser cette profession, on y trouvera le bonheur.

QUESTIONS.

Combien de fois le PRONOM INDÉFINI ON est-il dans cette dictée ? — Que signifie-t-il ? — Prouvez qu'il est PRONOM et qu'il est INDÉFINI ? — Le pronom ON est-il quelquefois du masculin et du pluriel ?

Comment un enfant doit s'exciter au travail.

31ᵉ Semaine.

Dès notre enfance il faut non-seulement nous habituer au travail, mais nous proposer un but. On ne peut exiger qu'un enfant travaille pour son avenir ; sa prévoyance ne peut aller jusque-là ; qu'il travaille pour plaire à ses parents et à ses maîtres ; et plus tard il s'apercevra qu'en travaillant pour plaire aux autres, il a travaillé pour lui-même. Avant de se mettre à l'ouvrage, qu'il se figure être en présence de ses parents, qu'il s'imagine les voir, les entendre l'encourager pendant les quelques heures qu'il consacre au travail; si quelquefois la légèreté de son âge l'entraîne à la paresse, qu'il se dise : mais voici ma mère, voilà mon père ! ils sont avec moi, dans cette chambre, ils sont devant moi, ils viennent au devant de moi, ils me paraissent tristes, c'est sans doute parce que je ne travaille pas, et alors l'amour du travail se réveillera et l'étude aura pour lui des charmes.

EXERCICES.

Combien de COMPLÉMENTS DIRECTS dans cette dictée ? — Définir un COMPLÉMENT DIRECT. — Combien de sortes de PRONOMS dans cette dictée ? les compter, les écrire et les définir. — Combien de prépositions ? — Quel rapport expriment-elles ? — Montrer l'antécédent et le conséquent de chaque préposition.

(Voir CONSÉQUENT, RAPPORT).

De l'autorité.

32ᵉ Semaine.

Le mot autorité dérive évidemment du mot auteur. Or, tout le monde comprend le sens qu'on attache communément au mot auteur. Dieu est l'auteur de toutes choses, c'est-à-dire qu'il les a toutes créées. Lafontaine est l'auteur de la fable intitulée : *Le Chêne et le Roseau*, c'est-à-dire que c'est lui qui l'a composée ; elle est tout entière son œuvre, elle émane de lui. Les lois dans un état ont de l'autorité lorsqu'elles sont assez puissantes pour être les auteurs de tout le bien qui s'y fait ; quand les mœurs, les institutions, les coutumes, le caractère même de la nation dérivent en quelque sorte des lois.

Un maître a de l'autorité dans sa classe, quand la volonté des élèves émane de la volonté du maître, quand les actions et les pensées des élèves ont pour principe, pour règle et pour auteur les pensées et les actions du maître. Voilà l'autorité.

Examinons maintenant sans prévention pourquoi l'autorité n'existe plus aujourd'hui. C'est parce que l'on veut ne rien commander aux enfants sans leur faire comprendre pourquoi on le leur commande. On habitue donc les enfants à raisonner le commandement. Voilà ce qui sape l'autorité.

L'autorité réelle doit engendrer la foi, et la foi ne doit pas raisonner. Ce sont les maîtres qui se plaignent le plus d'avoir perdu l'autorité, et les malheureux ne se sont aperçus que ce sont eux-mêmes qui l'ont ruinée et détruite. J'ajoute qu'ils n'ont pas travaillé seuls à la démolition ; les parents se sont unis à eux pour en hâter la ruine.

QUESTIONS.

Combien de manières d'écrire TOUTE CHOSE. — Combien l'adjectif indéfini TOUT a-t-il de significations ? — Quand est-il adverbe ? — Combien y a-t-il de verbes neutres dans cette dictée ? — Les participes passés des verbes neutres de cette dictée pourraient-ils varier ? — Les QUELQUE de cette dictée font-ils partie de la règle concernant QUELQUE.

Des habitudes qu'il faut contracter dans son enfance.

33ᵉ Semaine.

Quelque difficiles que paraissent certaines pratiques religieuses, toutes gênantes qu'elles semblent à certaines personnes, elles sont faciles, agréables même et deviennent une source de satisfactions intérieures pour les personnes qui en ont contracté l'heureuse habitude. De là je conclus que ce qu'il importe le plus aux enfants dans le cours de leurs classes, c'est de contracter de bonnes habitudes. L'homme est ainsi fait que, quand il a pratiqué mille fois une chose, cette chose lui devient facile et il la fait ensuite comme instinctivement. Quelles sont donc les habitudes que les enfants doivent contracter en pension ? 1° L'habitude de l'ordre, 2° de la propreté ; 3° de la réflexion, si utile dans la vie ; 4° de la soummission, si nécessaire dans la société ; car plus l'enfant avancera en âge, plus il aura de supérieurs. A douze ans on n'a d'autres supérieurs que ses maîtres et ses parents ; à vingt ans on a une foule de personnes qui ont droit à notre soumission ; c'est le maire, le curé, le préfet, en un mot toutes les autorités civiles et ecclésiastiques. 5° L'habitude de la sobriété, si nécessaire à la santé ; 6° de la piété, mais d'un piété sage, éclairée qui consiste dans l'accomplissement des devoirs religieux essentiels ; point de minuties, point de scrupules, on n'*est* obligé d'aller à la Messe que le Dimanche, conséquemment personne n'est tenu d'y aller tous les jours.

EXERCICES.

Combien d'ADVERBES dans cette dictée ? — Combien de verbes impersonnels ? — Combien d'ADJECTIFS indéfinis ? — Définir chacun de ces mots. — Combien d'adjectifs ou de noms au pluriel ? — Comment forme-t-on le pluriel dans les noms ? (voir formation.)

La Providence.

34ᵉ Semaine.

L'homme qui veut étudier la nature, trouve à chaque pas qu'il fait un objet de méditation. Me voilà en permenade ; j'admire un chêne magnifique, à l'ombrage duquel je me repose un instant. J'étudie cet arbre ; je vois d'abord trois parties distinctes : les racines, le tronc et les branches. Les racines sont au moins aussi nombreuses que les branches ; les extrémités en sont excessivement fines ; j'en approche le microscope, et je vois que chacune d'elles est terminée par un suçoir, dont la fonction est de pomper les sucs de la terre pour nourrir la plante ; et je m'écrie : O sagesse, ô providence de Dieu!!... — J'examine ensuite le tronc. Je vois premièrement une enveloppe qu'on appelle écorce ; secondement une autre membrane, plus lisse, mieux tissue, qu'on appelle *liber* ; Vient ensuite un bois mou, gluant, qu'on appelle aubier ou faux-bois. Ce faux-bois deviendra bois véritable l'année suivante. Si je scie cet arbre, j'aperçois des circonférences renfermées les unes dans les autres ; il me suffit de les compter pour connaître les années de l'arbre. Au milieu, qu'on appelle le cœur, est un petit canal destiné dans le premier âge de la vie à contenir la moëlle ; on l'appelle étui médullaire. Que de choses dignes de méditation ! — Enfin je considère les branches, les feuilles et les fruits. Que de milliers de feuilles ! et pas une n'est exactement semblable à l'autre. Je les vois toutes semées de petits trous destinés à pomper les gaz qui circulent autour d'elles ; car les arbres se nourrissent dans la terre et dans l'air... Le gaz principal qu'absorbent les plantes s'appelle acide carbonique. C'est ce gaz qui se forme au moyen du charbon allumé, et dont tant de malheureux se servent pour se donner la mort, c'est-à-dire pour s'asphyxier.

EXERCICES.

Combien de verbes ACTIFS dans cette dictée ? — Montrez-en le SUJET et le RÉGIME direct ? —Combien de verbes PRONOMINAUX dans cette même dictée

Les illusions de la jeunesse sont un bienfait de la Providence.

35ᵉ Semaine

Les illusions de la jeunesse sont des charmes que la Providence a répandus pour elle dans le sentier de la vie. Ces illusions sont donc un bienfait. Il faut se garder de les dissiper, car nous inspirerions le dégoût de la vie, et après tout il faut vivre puisque la Providence nous a placés sur la terre. Mais ce qu'il y aurait de fâcheux, ce serait de laisser le jeune homme grandir avec ces illusions. Quel désappointement n'éprouverait-il pas en entrant dans l'âge mûr, c'est-à-dire dans l'âge de la réalité ! il ne verrait partout que déceptions. Il faut donc, en avançant dans la vie, s'appliquer à comprendre la valeur de ce qui nous entoure et ne se montrer ni trop ni trop peu attaché à la vie. Que les enfants s'attachent aux personnes qui peuvent les diriger, les éclairer et les initier peu à peu aux tristes réalités.

EXERCICES.

Dire les rapports exprimés par les propositions DANS, POUR, AVEC, A dans cette dictée. — Combien de participes passés dans cette dictée ? — Définir pourquoi ils sont appelés participes passés. (Voir participe passé.)

La Providence.

36ᵉ Semaine.

La providence de Dieu se manifeste dans tout ce qui nous entoure ; chaque objet dans la nature révèle la sollicitude de Dieu pour les choses qu'il a créées. — Ne dédaignons pas de considérer les choses les plus viles en apparence ; car elles portent le' cachet, l'empreinte de la bonté divine. — Quoi de plus vil, pour les élèves surtout, que le haricot ? Eh bien ! étudions ce légume dans sa graine, dans sa végétation, dans sa croissance, dans sa floraison et dans sa maturation ; et nous serons forcés de nous écrier : Que Dieu est grand dans toutes ses œuvres !.... — D'abord le haricot, considéré comme graine, se compose d'une enveloppe dont la couleur varie ; sous cette enveloppe sont deux cuisses, qu'on appelle cotylédons ; sur la ligne qui joint les deux cotylédons, est un point blanc dans le haricot rouge, c'est là qu'est déposé le germe. — Confiez-le à la terre échauffée par les premiers rayons du soleil d'avril, les cotylédons, sous l'influence de l'humidité, de l'air et de la chaleur, se gonflent, l'enveloppe se brise, le germe éclôt, la plante nouvelle naît. Une faible racine se dirige vers la terre, les cotylédons sortent de son sein, ils s'écartent et deviennent les deux premières feuilles. Ces deux feuilles sont charnues, remplies de suc. Au milieu d'elles s'élèvent deux petites feuilles : Voilà la plante complète.

Suite de la Providence.

37ᵉ Semaine.

Tant que les racines seront trop faibles encore pour tirer de la terre la nourriture qui convient à la plante nouveau-née, les deux cotylédons sont les deux mamelles dont le lait abondant est destiné à alimenter la plantule. Lorsque les racines sont assez fortes, que les feuilles commencent à pousser et à puiser dans l'air les gaz nécessaires à sa croissance, la plante est sevrée et les deux mamelles tombent. — O admirable Providence ! qu'il est malheureux, le cœur de celui qui ne veut pas te comprendre ! — La plante a grandi, elle a un but sur la terre : car chaque être à le sien. Il faut (et Dieu en a donné l'ordre) qu'elle se multiplie. Alors de longues feuilles poussent pour abriter sa fleur, de longs filets s'allongent pour s'attacher aux objets environnants, parce qu'après la fleur viendront les fruits, trop lourds pour la faiblesse de la plante. Mais nous anticipons : voyons la fleur. Elle est éclose, c'est la forme d'un joli papillon avec ses plus brillantes couleurs ; aussi ses frères viendront le caresser; comme celle de toute fleur son existence est est éphémère. Le fruit s'allonge et se recouvre d'une enveloppe épaisse, le parchemin vient souder le berceau de la nouvelle graine, pour la garantir de la voracité de mille insectes : car il faut que cette graine mûrisse. Enfin elle est mûre ; mais il faut qu'elle se conserve ; elle sèche, et si on la laisse dans le champ, son enveloppe s'ouvre d'elle-même, pour répandre autour de la plante sa jeune postérité. Et la mère, qui a porté tant d'enfants, ne mourra pas sans avoir vu autour d'elle, la nombreuse colonie qui doit la remplacer sur la terre.

EXERCICES.

Quand emploie-t-on la VIRGULE , le POINT-VIRGULE , les DEUX POINTS, le POINT , le point d'EXCLAMATION ? — Indiquer tous les mots PARTICULES de cette dictée.

A la campagne l'âme s'élève facilement vers Dieu.

38ᵉ Semaine.

Ceux qui sont chargés de l'éducation des enfants semblent regretter de se trouver à la campagne. Ils ne comprennent pas alors leur mission, du moins ils paraissent ignorer le vrai but de l'éducation, qui est de nous rendre meilleurs, de nous faire aimer Dieu, et en lui tous les autres hommes, qui sont nos frères. — Où l'âme s'élève-t-elle le plus aisément vers son Créateur? N'est-ce pas à la campagne? N'est-ce pas là qu'un maître profondément religieux doit attirer l'attention de ses élèves sur cette foule de merveilles qui les entoure. La fertilité de la terre, l'abondance des fruits de toutes sortes ne montrent-elles pas la providence attentive de Dieu pour ses créatures? Ces milliers de fleurs qui brillent avec plus ou moins d'éclat dans les pelouses, dans les prairies, dans les haies, dans les moindres buissons, n'éveillent-elles pas en nous, à chaque pas, la pensée de Dieu? L'air pur du matin, l'air embaumé du soir, le gazouillement des oiseaux, le murmure d'un ruisseau inspirent à notre âme une douce mélancolie; et à chaque objet offert à notre méditation se présente à nous le nom de notre créateur. Aimons donc la campagne, aimons à instruire les enfants de la campagne.

EXERCICES.

Expliquez aux enfants la formation des temps? — Montrez combien il y a de temps primitifs dans cette dictée et combien de temps dérivés? — Expliquez leur par là même ce que c'est qu'un verbe régulier et irrégulier. — Y a-t-il vraiment des temps primitifs. (voir formation.)

Phrases détachées.

39e Semaine.

Une vie active est un élément de bonheur, toutes les fois que vous verrez un homme se livrant au travail avec une grande activité, vous pourrez conclure que, quels que soient du reste les désagréments qu'il éprouve, il jouit d'un bonheur réel. — La sagesse de Dieu a voulu en imposant le travail à l'homme comme châtiment, qu'il y trouvât son intérêt et son bonheur. — Il est des personnes qui recherchent les plaisirs avec une ardeur presque fébrile; mais sachez le bien, la fièvre du plaisir consume les forces de l'âme et du corps. — Les enfants aiment à être parrains ou marraines, qu'ils sachent bien que ce mot signifie *père* et *mère*, par conséquent on contracte dans ces circonstances de grandes obligations, d'ailleurs n'est-il pas absurde de donner cette qualification à des enfants? — La royauté est une charge publique et cette charge est souvent bien lourde. — Les sentiments religieux sont un baume qui adoucit nos douleurs. — Les psaumes de David renferment beaucoup de poésie. — Les Cieux annoncent la puissance de Dieu. — Celui qui veut devenir sage le devient, a dit un Philosophe ancien ; mais celui qui veut devenir savant ne peut pas le devenir toujours. — Dieu a mis la sagesse à la portée de tous les hommes, quant à la science, qui n'est pas rigoureusement nécessaire, Dieu ne l'accorde qu'à des hommes d'élite, aimons donc mieux la sagesse que la science.

EXERCICES.

Quelles sont les CONSONNES que vous avez vues être remplacées par des voyelles ou par d'autres CONSONNES dans cette dictée ? — Quels sont les changements que la CONSONNE L subit, combien y en a-t-il d'exemples dans cette dictée ? — Combien de changements subit la CONSONNE F dans cette dictée, ainsi que la CONSONNE B, ainsi que la CONSONNE T ?

Conseils utiles.
40° Semaine.

Travaillons assidûment, enrichissons-nous de connaissances et de vertus, nous n'en aurons jamais assez. — Travailler beaucoup c'est réfléchir beaucoup et non pas écrire beaucoup de pages. — Lire beaucoup c'est lire attentivement, méditer sérieusement, approfondir continuellement. — Que les enfants soient soumis à leurs parents, bons envers leurs maîtres, qu'ils ne se révoltent jamais contre l'autorité. — On a une vieillesse malheureuse quand on n'a pas acquis dans son enfance et dans sa jeunesse l'heureuse habitude de la pratique des devoirs. — Malheur aux enfants qui terminent leur instruction avant d'avoir commencé leur éducation ! leur esprit est plein ; mais leur cœur est vide.

EXERCICES.

Quatre tableaux. — Le premier contiendra tous les ADVERBES. — Le deuxième toutes les CONJONCTIONS. — Le troisième toutes les PRÉPOSITIONS. — Le quatrième toutes les INTERJECTIONS. — Donner la définition de chacun de ces mots au haut de chaque tableau.

ORLÉANS, IMP. DE MORAND-BOUGET.